Margot Käßmann
Gesät ist die Hoffnung

W0175493

Die Autorin

Margot Käßmann, Prof. Dr. theol., ist
Pfarrerin und Deutschlands bekannteste
Theologin. Sie war von 1999 bis 2010
Bischöfin der evangelischen Landeskirche in
Hannover, 2009/2010 Ratsvorsitzende der
Evangelischen Kirche in Deutschland
und 2012 bis 2017 Botschafterin der EKD
für das Reformationsjubiläum.

Margot Käßmann

Gesät ist
die Hoffnung

14 Begegnungen
auf dem Kreuzweg Jesu

HERDER

FREIBURG · BASEL · WIEN

Für Hanna

Inhalt

Vorwort

Die Passionsgeschichte ist der wohl bewegendste Teil der Evangelien. Jesus, der Mann aus Nazareth, der das Nahen des Gottesreiches angekündigt hat, der Hoffnungen geweckt hat auf Freiheit und Gerechtigkeit, er geht den Weg in den Tod. Ein Drama spielt sich ab, in das niemand mehr eingreifen kann.

Jesus begegnet in dieser letzten Woche und vor allem auf dem Weg nach Golgatha vielen Menschen.

Das Gebet im Garten Gethsemane, es war wohl der letzte ruhige Moment, die letzte Ruhe vor dem Sturm. Jesus nutzt diese Ruhe zum Gebet, um noch einmal aufzubegehren gegen das, was er kommen sieht. Doch er beginnt zu verstehen, wie dieser Weg genau der Weg Gottes mit ihm ist. Eine eigentümliche Ruhe geht zu diesem Zeitpunkt von ihm aus, die bis heute aus den Texten zu spüren ist.

Als ich vor einigen Jahren die Rundfunkandachten für den Norddeutschen Rundfunk (NDR) in der Karwoche zu halten hatte, bin ich Menschen auf diesem Weg nachgegangen. Das war der Ansatzpunkt für dieses kleine Buch. Je länger

ich mich damit befasst habe, desto mehr
hat mich fasziniert, dass all diese Menschen, denen Jesus auf dem Kreuzweg
begegnet, geradezu beispielhaft für Menschen überhaupt sind: die Ängstlichen und
die Habgierigen, die Liebenden und die
Gleichgültigen. Manche sind mir auch zum
allerersten Mal wirklich aufgefallen, wie
etwa die Frau des Pilatus. Andere Text-
stellen haben einen überraschenden Klang
erhalten, etwa als ich bewusst las, dass
Herodes sich in dieser Situation mit Pilatus befreundete. Die Bibel ist und bleibt
ein Buch, das wir nie auslesen.

Wer sich auf die Passion einlässt, macht sich
auf einen Weg mit Jesus.

Passion spüren und erleben Menschen in
dieser Welt allerorten. Eine leidensfreie
Welt gibt es nicht. Aber gerade weil Jesus selbst diesen Weg ging, können wir
uns an ihn wenden, wenn wir leiden oder
verzagen. Die Menschen, denen er begegnet, ahnen noch nicht, wie es weitergehen
wird, dass dieser Tod kein Endpunkt, sondern ein Doppelpunkt sein wird. Und doch
zeigen diese Begegnungen, wie bereits
vor Ostern die Hoffnung gesät ist. Im Leiden selbst keimt schon die Ankündigung
des neuen Lebens. Das macht Leiden

nicht leichter, Leiden sollte auch niemals bewusst gewählt werden, etwa um sich Christus näherzubringen. Und doch haben viele erfahren, wie ihnen gerade in Situationen, in denen sie fast an Gott verzagen, Kraft und Mut zuwächst. Weil die Hoffnung gesät ist …

1

Es standen aber bei dem Kreuz Jesu
seine Mutter und seiner Mutter Schwes-
ter, Maria, die Frau des Klopas, und Maria
von Magdala. Als nun Jesus seine Mutter
sah und bei ihr den Jünger, den er lieb-
hatte, spricht er zu seiner Mutter: Frau,
siehe, das ist dein Sohn! Danach spricht er
zu dem Jünger: Siehe, das ist deine Mutter! Und von der Stunde an nahm sie der
Jünger zu sich.

Johannes 19,25–27

Erste Begegnung
Maria, die Mutter
Bangen um Zukunft

Eine schwere Woche steht ihr bevor. Maria
wird es geahnt haben. Den Weg ihres
Sohnes verstehen – das war nicht immer
leicht für Maria, die Mutter. Schon damals
war sie unruhig, als er geboren war, mitten in dieser Unruhe, auf dem Weg nach
Bethlehem zur Volkszählung. Und dann
die Worte, die andere über ihn sprachen
und die sie in ihrem Herzen bewahrte ...
Und jetzt? Zu einer Art Berühmtheit haben viele ihren Sohn erhoben. Menschen
hängen an seinen Lippen und erwarten
ganz Großes von ihm. Ist er sich überhaupt bewusst, wie sehr er provoziert?
Ist ihm klar, dass die Machtverhältnisse
andere sind? Und dann wieder denkt sie:
Er ist doch kein Revolutionär! Er will die
Welt verändern, gut, aber das wollen doch
alle jungen Männer, oder? Allerdings hat
er einen unerschütterlichen Glauben, ja,
er buchstabiert den Glauben ganz neu.
Manches Mal sitzt sie da und hört zu, Maria, die Mutter, und fragt sich: Woher hat
er das? Mein Sohn? Zeigt sich da, was ich
hörte, als er geboren wurde, was ich im-

mer wieder im Herzen bewegt habe?
Vor allem macht sie sich aber Sorgen am
Anfang dieser Woche. Es geht hin auf das
große Fest in Jerusalem, das Passahfest.
Fast scheint ihr, als spitze sich in einer
unaufhaltsamen Dramatik damit auch das
Schicksal ihres Sohnes zu.
„Sei ganz ruhig, Mutter, ich weiß, was ich tue",
das hat er ihr gesagt. Und wenn er mit Gott
redet, dann spricht er ihn fast zärtlich mit
„Abba", lieber Vater, an.
Aber die Angst einer Mutter, die kann ein
erwachsener Sohn wohl kaum verstehen.
Dabei ist ihr durchaus auch bewusst, dass
er seinen Weg gehen muss. Sie kann ihn
nicht festhalten und darf ihn auch nicht
lenken wollen. Wahrscheinlich kann sie
einfach nur für ihn da sein.
Im Grunde war sein Weg nur konsequent,
überlegt sie. Er hatte schon als Zwölfjäh-
riger im Tempel gesessen und disputiert.
Ganz erschrocken war sie damals, Josef
und sie gehörten ja nun wahrhaftig nicht
zur gebildeten Schicht. Immer wieder
hat er sich und andere mit den großen

Fragen nach Gott und der Welt konfrontiert. Und irgendwie war und ist es auch begeisternd, dass so viele ihn lieben, ihm zujubeln. Viele Freundinnen und Freunde hat er gewonnen, die ihn tragen, und ihn begleiten.

Doch, ein kleines bisschen stolz ist sie auch, Maria, die Mutter.

Aber wie soll das enden? Die Macht will er doch gar nicht übernehmen. Dazu eignet er sich auch nicht! Er ist kein Politiker, er ist ein Prediger, ein Rabbi! Er redet von Gott, von der Liebe Gottes und das in wunderbaren Gleichnissen und Bildern. Aber doch, das weiß Maria wohl, viele erwarten mehr: greifbare Veränderung – Befreiung, Umsturz, Vertreibung der verhassten römischen Besatzer durch ihn. Welche Zukunft kann er denn haben? Wenn das so weitergeht, muss es ja zur Konfrontation kommen, sowohl mit der politischen römischen Macht als auch mit den großen führenden Geistlichen in Jerusalem. Sie werden sich nicht gefallen lassen, dass ein kleiner Rabbi aus Nazareth sie derartig herausfordert.
Musste er auch am Sabbat die Ähren raufen? Musste er bei jeder Frage mit einem geradezu rätselhaften Gleichnis antwor-

ten? Hat er nicht zu oft gerade den Frommen ihre Frömmigkeit fast vor die Füße geworfen? Ach doch, sie liebt ihn, ihren erstgeborenen Sohn. Er ist schon etwas ganz Besonderes ...

Maria wird den letzten Weg ihres Sohnes mitgehen. Und ihr Sohn, er denkt noch im Sterben an sie. Im Johannesevangelium lesen wir: „Es standen aber beim Kreuz Jesu seine Mutter ... Als nun Jesus seine Mutter sah und bei ihr den Jünger, den er lieb hatte, spricht er zu seiner Mutter: Frau, siehe, das ist dein Sohn! Danach spricht er zu dem Jünger: Siehe, das ist deine Mutter! Und von der Stunde an nahm sie der Jünger zu sich."

2

Als Judas, der ihn verraten hatte, sah, dass er zum Tode verurteilt war, reute es ihn, und er brachte die dreißig Silberlinge den Hohenpriestern und Ältesten zurück und sprach: Ich habe Unrecht getan, dass ich unschuldiges Blut verraten habe. Sie aber sprachen: Was geht uns das an? Da sieh du zu! Und er warf die Silberlinge in den Tempel, ging fort und erhängte sich.
Matthäus 27,3–5

Zweite Begegnung
Judas Iskariot
Erwartung einer besseren Welt

Judas Iskariot – keine beliebte Figur der Weltgeschichte! Er steht für den Verräter, der für Geld anscheinend alles hergibt.
Der Judaskuss, er sollte in die Geschichte eingehen als Symbol für Verrat, ja für schlimmsten Verrat unter Freunden.
Judas, der Verräter.
Das erste Mal habe ich anders über Judas nachgedacht, als wir in der zwölften Klasse das Musical „Jesus Christ Superstar" im Musikunterricht besprochen haben.
Da ist Judas derjenige, der das Auftaktlied singt.
Er ist voller Erwartung, voller Hoffnung, dass Jesus derjenige ist, der alles ändern wird.
Flammend singt er seine Liebe, seine Verehrung, seine Hochachtung in die Welt.
Und er warnt Jesus geradezu vor Selbstüberschätzung und dem Größenwahn einiger Anhänger. Der Judas im Musical befürchtet, dass die gemeinsame Sache leiden wird unter dem Erwartungsdruck.
Ja, es scheint fast, als begehe er seinen Verrat an Jesus nur aus Liebe, um ihn zu bewahren – nicht zuletzt vor den

überhöhten Ansprüchen derer, die in ihm einen Erlöser, den Messias sehen, der politische Veränderung bringt. Oder um ihn unter Druck zu setzen, endlich, endlich zu handeln.

Seitdem schaue ich mit einem neuen Blick auf die biblischen Texte, und dieser Blick hat mir Judas nähergebracht. Er kann nicht einfach nur abgetan werden als der Geldgierige, der für 30 Silberlinge den Freund verrät. Wir können ihn auch sehen als einen, der verzweifelt, der schützen will, der weiß, dass die vielen Erwartungen nicht einzulösen sind. Er sucht einen Ausweg. Judas hat gehofft auf das, was Jesus sagt, die Ankündigung des Reiches Gottes, das hat ihn begeistert. Und er sieht doch, dass alles schiefzugehen scheint. Das Volk jubelt Jesus zu, aber Judas ahnt, wie schnell diese Stimmung umschlagen kann. Heute sind sie begeistert, schon morgen werden sie rufen: „Kreuzige ihn!" Wie sollen sie so den Umbruch in Gang setzen, den Judas als notwendig ansieht, jetzt und hier?

Oder gehört er zu denen, die für sich ganz persönlich mehr erhofft hatten? Jesus auf einem Esel, wirkt das nicht peinlich, lächerlich geradezu? Warum ist er nicht auf majestätische Art eingezogen, auf einem Pferd? Judas hätte das arrangieren können, das wäre doch kein Problem gewesen. Das wäre doch eine viel bessere Strategie gewesen: Klar den Kampf ansagen und offensiv angreifen, statt sich in tiefsinnigen Diskursen zu ergehen? Ach ja, vielleicht hatte Judas sich schon Hoffnungen für sich selbst gemacht, auf eine leitende Stellung sozusagen? Oder war er schlicht begeistert, etwa von der Bergpredigt als einer so ganz anderen Perspektive für das Zusammenleben der Menschen? Wer war Judas Iskariot? Wir wissen, dass er Jesus lange Zeit begleitet hat. Bis zuletzt, bis zu jenem Abendmahl blieb er an seiner Seite. Und doch hat er ihn ausgeliefert bei jenem Treffen im Garten Gethsemane. Es ist zu simpel, ihn einfach als teuflischen Verräter abzustempeln, wir sollten es uns nicht zu einfach machen mit ihm. Vielleicht wollte er ja eine Art Schutzhaft für Jesus, bis die Aufregung vorüber war. Ja, Menschen machen Fehler, tragische Fehler. Und doch bleibt gerade hier auch die Frage: Hatte Judas eine Rolle zu spielen? Wenn dieser Weg ans Kreuz gegangen werden musste, war der Verrat nicht notwendig? Aber auch solche Fragen können nicht von Verantwortung freisprechen. Nein, wir sind keine Marionetten Gottes. Und doch, vieles bleibt hier offen, lässt sich theologisch disputieren … Mit seiner Schuld ist Judas nicht fertig geworden. Er wollte nicht dieses grauenvolle Ende aller Hoffnungen am Kreuz. Nein, er hoffte auf anderes. Vielleicht auf den großen Durchbruch, zu dem er Jesus zu provozieren meinte?

Am Ende ist Judas offensichtlich schockiert von den Folgen seines Tuns. Damit kann er nicht leben.

So stirbt er noch vor Jesus. Im Matthäusevangelium lesen wir: „Als Judas, der ihn verraten hatte, sah, dass er zum Tode verurteilt war, reute es ihn, und er brachte die dreißig Silberlinge den Hohenpriestern und Ältesten zurück und sprach: Ich habe Unrecht getan, dass ich unschuldiges Blut verraten habe. Sie aber sprachen: Was geht uns das an? Da sieh du zu! Und er warf die Silberlinge in den Tempel, ging fort und erhängte sich."

3

Da fing Petrus an, sich zu verfluchen und
zu schwören: Ich kenne den Menschen
nicht. Und alsbald krähte der Hahn. Da
dachte Petrus an das Wort, das Jesus zu
ihm gesagt hatte: Ehe der Hahn kräht,
wirst du mich dreimal verleugnen. Und er
ging hinaus und weinte bitterlich.
Matthäus 26,74–75

Dritte Begegnung
Petrus
Angst vor Versagen

Petrus – von ihm wird es später heißen,
er sei der Fels, auf den Christus selbst die
Kirche aufbaue. Und er ist ja ein glühen-
der Verehrer vom ersten Fischzug an. Er
liebt Jesus, er verehrt ihn, in ihm sieht er
seine eigene Zukunft. Alles würde Petrus
für diesen Mann tun.
Nein, verstehen kann er Jesus nicht immer. Dort spricht er mit den Kindern,
hier diskutiert er mit einer ausländischen
Frau. Das passt nicht so ganz in das Welt-
bild des Petrus. Manchmal stört es ihn
auch, dass Johannes so nahe bei Jesus
ist. Ja, da kann Petrus auch eifersüchtig
sein. Aber er hat den Überblick, er hat
die Sache im Griff. Ganz deutlich sagt er
zu Jesus: „Und wenn ich mit dir sterben
müsste, will ich dich nicht verleugnen.‟
Am liebsten würde er wohl für Jesus
kämpfen. Vielleicht war er derjenige, der
im Garten Gethsemane das Schwert zog.
Wir wissen es nicht. Er ist die Figur des
treuen Vasallen. Nicht der Mann in der
ersten Reihe, nein, derjenige, der die Ide-

en aufgreift, umsetzt. Wer in der ersten Reihe steht, braucht dringend einen solchen zweiten Mann oder eine solche zweite Frau. Das sind diejenigen, die den Blick für das Ganze behalten, die organisieren und ordnen und zusehen, dass die Sache läuft.

Petrus möchte gerne derjenige sein, der ganz in der Nähe Jesu ist, sein engster Vertrauter. Dafür wünscht er sich Anerkennung.

Aber als es wirklich eng wird, packt ihn dann doch die Angst. Er sieht das Ende sozusagen vor Augen. Jesus ist gefangen genommen, er wird verurteilt werden. Und da wird natürlich nach den Mitläufern gefragt, nach den Sympathisanten. Hier wäre jetzt das große, flammende Bekenntnis gefragt. So einer möchte er sein. Doch der Typ des großen Bekenners ist Petrus gerade in dieser Situation nicht. Im Matthäusevangelium lesen wir: „Da fing er an, sich zu verfluchen und zu schwören: Ich kenne den Menschen nicht. Und alsbald krähte der Hahn. Da dachte Petrus an das

Wort, das Jesus zu ihm gesagt hatte: Ehe der Hahn kräht, wirst du mich dreimal verleugnen. Und er ging hinaus und weinte bitterlich."

Der Mann hat versagt. Das löst eine Mischung aus Mitleid, Verständnis und Verachtung aus. Er, der so groß getönt hat, wie stark er sich identifiziert mit Jesus und seiner Sache, der knickt so schnell ein! Ja, Menschen knicken schnell ein, wenn sie Angst haben. Da brauchen wir nur an uns selbst denken, an die Kompromisse, die wir machen, wenn wir unsere Träume von einer gerechten Welt träumen, aber doch froh sind, wenn das Gehalt oder die Rente auf dem Konto ist. Ach, der Petrus, er ist uns schon nahe.

Wahrscheinlich sollten wir uns einfach daran freuen, dass ein eher fehlbarer Mensch, einer wie du und ich, derjenige sein wird, der dann doch die Botschaft weiterträgt.

Mich tröstet das oft, wenn ich denke, ich werde meiner Aufgabe als Bischöfin nicht gerecht. Aber es ist für alle trostreich, denke ich, ob wir haupt- oder ehrenamtlich in der Kirche tätig sind oder als Christinnen und Christen mitten in der Welt, in der Nachbarschaft oder am Arbeitsplatz. Wir müssen nicht alle gleich die Großartigsten und Tapfersten sein, um für unseren Glauben einzustehen. Gott ruft ganz normale Menschen mit all ihren Schwächen und Fehlern in die Nachfolge.

Petrus hat Angst vor dem Versagen, er kann darüber weinen. Das macht ihn sympathisch und nahbar. Und dann schenkt Gott ihm die Kraft, doch konsequent seinen Weg zu gehen, einen überzeugenden Weg. Machen wir Petrus nicht zu einem großen Übermenschen, der die ganze Kirche tragen muss. Er ist eher der Normalmensch, das Fußvolk, das wir alle als Kirche sind. Gerade das macht doch Hoffnung …

4

Als sie aber aßen, nahm Jesus das Brot,
dankte und brach's und gab's den Jüngern
und sprach: Nehmet, esset; das ist mein
Leib. Und er nahm den Kelch und dankte,
gab ihnen den und sprach: Trinket alle
daraus; das ist mein Blut des Bundes, das
vergossen wird für viele zur Vergebung
der Sünden. Ich sage euch: Ich werde von
nun an nicht mehr von diesem Gewächs
des Weinstocks trinken bis an den Tag, an
dem ich von neuem davon trinken werde
mit euch in meines Vaters Reich.
Matthäus 26,26–29

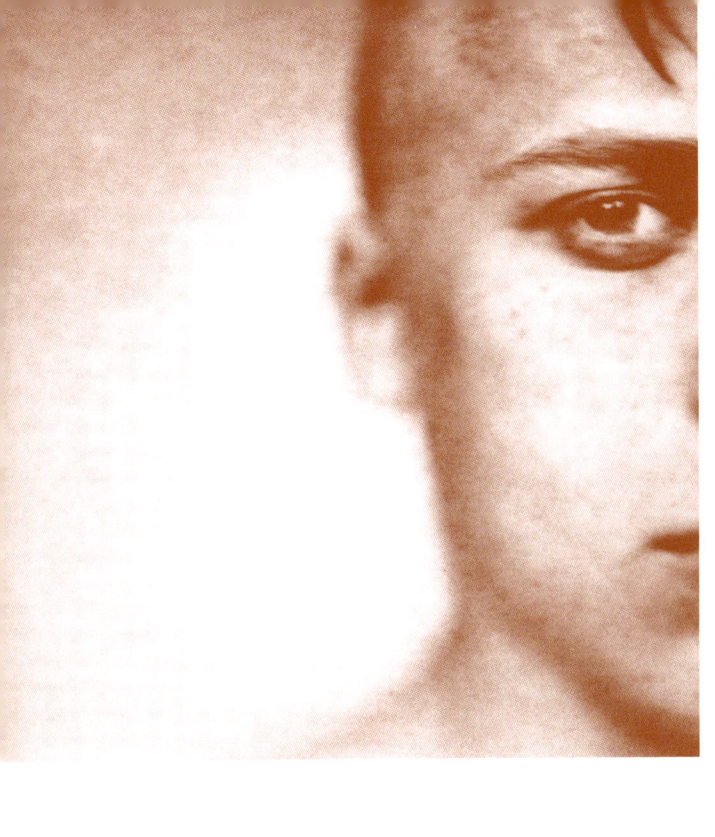

Vierte Begegnung
Johannes
Sehnsucht nach Liebe

Am Gründonnerstag gedenken wir des letzten Abendmahls, das für Christinnen und Christen in aller Welt zu seinem Gedächtnis so wichtig geworden ist. Am einprägsamsten ist für viele Menschen das Bild von Leonardo da Vinci: Jesus und die, die sich um ihn geschart haben, kommen zusammen, Jesus teilt mit ihnen zum letzten Mal als Lebender das Brot und den Wein.

Johannes schmiegt sich geradezu an ihn, ein Bild von Liebe, Hingabe, Zärtlichkeit.

Dieses gemeinsame Essen wird über Jahrtausende hinweg als Zeichen der Gemeinschaft erinnert werden. Im Matthäusevangelium lesen wir: „Als sie aber aßen, nahm Jesus das Brot, dankte und brach's und gab's den Jüngern und sprach: Nehmet, esset; das ist mein Leib. Und er nahm den Kelch und dankte, gab ihnen den und sprach: Trinket alle daraus; das ist mein Blut des Bundes, das vergossen wird für viele zur Vergebung der Sünden."
Die Menschen sind gerufen zu einem Gemeinschaftsmahl, das über die Zeiten hin-

weg wirken wird. Es geht auch um Liebe
und Hingabe, wie Johannes sie darstellt.
Arme und Reiche, sie kommen zusammen:
Menschen in einem Slum in Djakarta und
in einem Flüchtlingslager im Sudan, Menschen in den zerbombten Häusern von
Grosny, AIDS-Kranke in Simbabwe und
Menschen in Deutschland. Das Abendmahl
hat stets auch eine soziale Herausforde-
rung mitten in der Welt dargestellt, weil
Arme und Reiche sich an einen Tisch gerufen wissen und damit auch in die Verantwortung füreinander. So entsteht in
diesem Abendmahl Hoffnung, Hoffnung
auf Zukunft, auf Frieden und Gerechtigkeit. Menschen auf der ganzen Welt,
um den ganzen Globus feiern durch alle
Zeiten hindurch und an allen Orten. Das
Abendmahl hat eine wahrhaftig weltweite
Dimension.
Menschen teilen Brot und Wein, Früch-
te der Erde. Es geht um Grundnahrung:
Schmecket und sehet! Da wird wahrge-
nommen, dass es um das reale Brot geht,
das wir teilen, gebackenes Brot, Frucht

der Erde. Wir sind verbunden mit dem Land, das uns nährt. So bleibt das Abendmahl eine Aufforderung zum Engagement für diese Erde, für das Land.

Johannes wird damit beginnen, abendmahlsgemäß zu leben, als er sich bereit erklärt, Verantwortung zu übernehmen für die Mutter Jesu nach dessen Tod. Von einem „eucharistischen Lebensstil" sprechen manche.

Brot und Wein teilen Menschen auf der ganzen Welt zu seinem Gedächtnis, zur Erinnerung an den ersten Gründonnerstag vor 2000 Jahren. Das konnte den Beteiligten damals wohl kaum bewusst sein. Sie hatten Gemeinschaft miteinander, aber auch Gemeinschaft mit dem Sohn Gottes.

Es war und bleibt ein Abendmahl in der Gegenwart, in der aber schon die zukünftige Welt Gottes angekündigt ist. Ein Abendmahl, in dem wir heute glauben, dass der Auferstandene unter uns ist.

Jeder und jede Einzelne sind dabei in dieser Gemeinschaft von Bedeutung. Johannes, der Jünger, von dem es heißt, dass Jesus ihn besonders liebte, zeigt diese besondere Nähe. Hat er sich wirklich noch einmal ganz eng an Jesus angelehnt, wie nicht nur Leonardo da Vinci, sondern auch viele andere Altarbilder es zeigen? Hat er geahnt und gefürchtet, was kommt? Fragen, Ängste, Hoffnungen werden Johannes umgetrieben haben. Er will den Freund nicht verlieren, will dieses wunderbare Zusammensein festhalten. Warum an Tod und Sterben denken, wenn es heute Abend doch so schön ist, wir so wunderbar zusammen sind? Wie Johannes damals fällt es den meisten Menschen schwer, der Realität ins Gesicht zu schauen, zu wissen, zu ahnen: Wir müssen Abschied nehmen. Da gibt es ein letztes Zusammensein auf dieser Erde, die Zukunft müssen wir Gott anvertrauen.

Letzten Endes ging es Johannes damals wohl gar nicht so anders als heute, wenn wir zusammenkommen zum Abendmahl an unserem Ort und in aller Welt. Wir wissen um die Verletzlichkeit von Beziehungen. Wir kennen Abschiede, auch endgültige. Die Schwächen unseres Glaubens und die Brüche unserer Gemeinschaft sind uns oft bewusst. Aber doch, wir feiern, wir kommen zusammen, fehlbar wie wir sind. Wir bleiben eine Gemeinschaft auf Hoffnung. Wie damals. Wie Johannes und die anderen Jüngerinnen und Jünger, die Jesus liebten.

5

Zum Fest aber hatte der Statthalter die Gewohnheit, dem Volk einen Gefangenen loszugeben, welchen sie wollten. Sie hatten aber zu der Zeit einen berüchtigten Gefangenen, der hieß Jesus Barabbas. Und als sie versammelt waren, sprach Pilatus zu ihnen: Welchen wollt ihr? Wen soll ich euch losgeben, Jesus Barabbas oder Jesus, von dem gesagt wird, er sei der Christus?

Matthäus 27,15–17

Fünfte Begegnung
Pilatus
Freiheit und Verantwortung

Pontius Pilatus – ein weltbekannter Name! Ob er geahnt hat, dass er in die Geschichte eingehen wird? Ja, dass sein Name in der ganzen Welt Sonntag für Sonntag gesprochen wird – im Glaubensbekenntnis? „Unter Pontius Pilatus gekreuzigt, gestorben und begraben." Zu seiner Zeit – und auch unter seiner Verantwortung! Ich denke, er hat es geahnt.

Er hat die Meute entfesselt, als er dem Volk die Wahl gab und fragte: Wen soll ich zum Fest freilassen, Jesus oder Barabbas? Diese Entscheidung hätte er eigentlich selbst treffen müssen. Wahrscheinlich war sie ihm zu schwer.

Pilatus war klar, dass eine solche Entscheidung enorme politische und auch religiöse Verwicklungen hervorrufen würde. Hätte er Jesus freigelassen, hätte das mit Sicherheit Ärger bedeutet mit den offiziellen Repräsentanten der Religion, den Hohenpriestern, und in der Konsequenz auch mit seinen römischen Vorgesetzten. Wer aber die Macht hat zu entscheiden, muss diese Macht auch in Verantwortung wahrnehmen. Sonst lässt er das Chaos der Straße zu.

Das kennen wir doch auch heute in unseren Tagen sehr gut. In einem Machtvakuum oder auch, wenn offene Diskussionen nicht zugelassen werden, kann ein Fanatismus entstehen, der die Vernunft erdrückt durch Hass und Gewalt. Eine entfesselte Menschenmenge, der keine Autorität entgegentritt, kann zum Mob werden. Wir sehen Szenen vor uns, wie etwa im Rahmen des Karikaturenstreites Botschaften und Kulturbüros europäischer Länder angegriffen wurden in Palästina, in Indonesien, in Nigeria. Oder denken wir an Frankreich, wo jüngst aus friedlichen Studentenprotesten Straßenschlachten mit Plünderungen wurden. In so einer Situation bleiben Recht und Gerechtigkeit, ja bleibt die Freiheit auf der Strecke. Aber es sind Mächtige dahinter, die genau das zulassen, die nicht einschreiten, die Provokation wollen für eigene Ziele.

Pilatus, heißt es im Matthäusevangelium, „wusch sich die Hände vor dem Volk und sprach: Ich bin unschuldig an seinem Blut; seht ihr zu!" Aber so einfach kann er sich seiner Verantwortung nicht entledigen. Er ahnt ja doch offensichtlich, dass da ein Unschuldiger stirbt, und er versucht, sich rauszuhalten. Doch das ist nicht möglich. Wir können uns nicht sauber heraushalten, wenn es um Gerechtigkeit geht, darum, Menschen vor Willkür, Gewalt und Folter zu schützen. Selbst wenn der Preis Ärger mit der Obrigkeit ist oder mit den eigenen Vorgesetzten. Da bietet eine Gemeinde ein Kirchenasyl an. Ein Abgeordneter stimmt aus Gewissensgründen anders als seine Fraktion – bei uns kostet solcher Widerstand gegen das Vorfindliche selten einen hohen Preis. In Afrika, Asien oder Lateinamerika müssen Menschen diesen Widerstand manches Mal mit dem Leben bezahlen.

Pilatus hätte Jesus schützen können. Ob er dann als Held in die Geschichte eingegangen wäre?

Was wäre gewesen, wenn Jesus nicht am Kreuz gestorben wäre? Ist das überhaupt eine zulässige Frage?

War es so nicht doch wohl Gottes Weg, auf dem Pilatus durch seinen Fehler eine heilsgeschichtliche Weichenstellung verursachte? Aber wäre das dann nicht Willkür, wie Gott uns als Schachfiguren benutzt?

Ja, das ist und bleibt ein Geheimnis. Auf den ersten Blick war beim Tod Jesu längst nicht klar, was das bedeutete. Aber mit Ostern wurde erfahrbar: Dieser Weg ans Kreuz endete nicht im Tod, sondern im Leben. Und offensichtlich bleibt: Der Mensch muss in seiner Freiheit das eigene Handeln verantworten vor Gott und den Menschen. Diese Verantwortung können wir nicht abwaschen von unseren Händen.

Manchmal braucht es den Mut, auszubrechen aus vorgegebenen Wegen, einen Entschluss zu fassen, spontan für einen anderen Menschen einzutreten. Aber gleichzeitig gilt auch: Gottes Wege sind und bleiben unerforschlich. Für Pilatus wie für uns.

6

Und als er auf dem Richterstuhl saß,
schickte seine Frau zu ihm und ließ ihm
sagen: Habe du nichts zu schaffen mit
diesem Gerechten; denn ich habe heute
viel erlitten im Traum um seinetwillen.
Matthäus 27,19

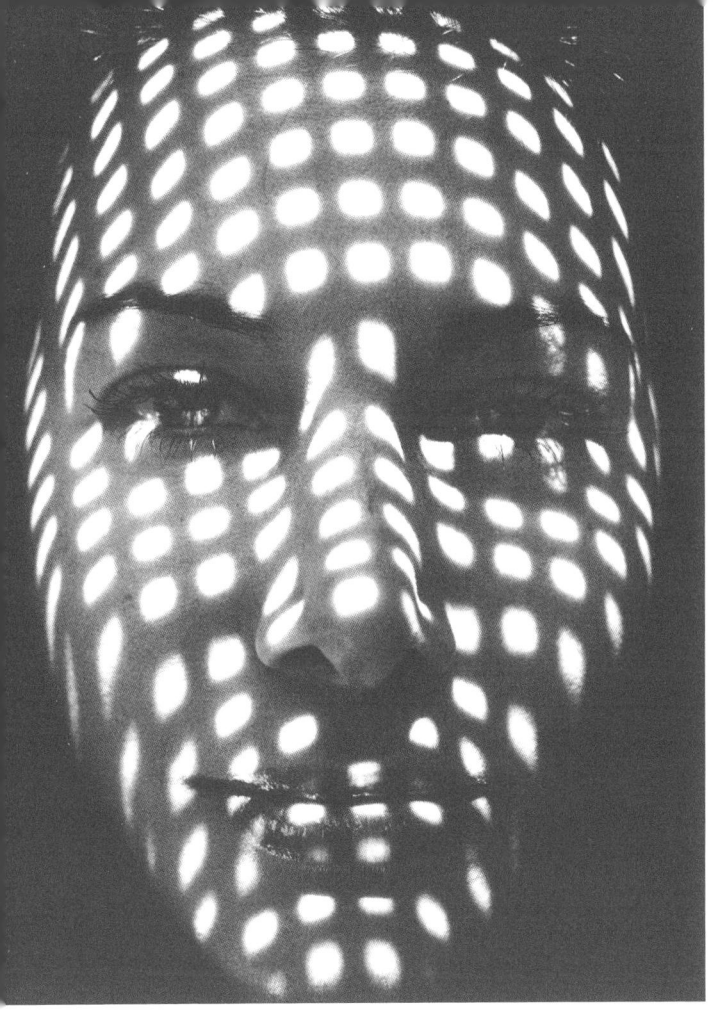

Sechste Begegnung
Die Frau von Pilatus
Wahrheit und Macht

Sie ist eine dieser Frauen in der Bibel, die wir nicht mit Namen kennen. Sie begegnet uns nur ganz am Rande, in einem Vers, im Matthäusevangelium. Dort heißt es: „Und als er (hier ist Pilatus gemeint) auf dem Richterstuhl saß, schickte seine Frau zu ihm und ließ ihm sagen: Habe du nichts zu schaffen mit diesem Gerechten; denn ich habe heute viel erlitten im Traum um seinetwillen."

Wir können uns das ja kaum vorstellen: Diese Aufregung, die aufgeheizte Atmosphäre in Jerusalem rund um den Prozess gegen Jesus! Wahrscheinlich hat Pilatus nicht gut geschlafen in der Nacht zuvor. Er ahnte, was auf ihn zukommt. Und seine Frau wird gemerkt haben, was los ist. Sie waren wohl ein eingespieltes Ehepaar, das kennen wir ja heute auch. Wer viele Jahre eng zusammenlebt, kann große Veränderungen oder Gefühle kaum voreinander verbergen. Das ist wohl das besondere Geheimnis langjähriger Ehen. Vielleicht haben die beiden am Abend auch noch zusammengesessen, sich miteinander beraten.

Pontius Pilatus mag seiner Frau erzählt haben, wie groß der Druck ist, unter dem er steht. Vielleicht hat sie versucht, ihn zu beruhigen.

Vielleicht hat sie ihm Mut gemacht: Du schaffst das schon! Und dann sind sie zu Bett gegangen.

Als sie aufwachte, war er schon weg, zur Arbeit sozusagen. Aber sie hat auch schlecht geschlafen. Sie hatte bereits gehört von diesem Jesus. Jetzt hat sie geträumt, dass ihr Mann schuldig wird an ihm. Ja, Träume verarbeiten Erlebtes, in ihnen kommt manchmal zutage, was wir verdrängen oder nicht sehen wollen. Wer auf die eigenen Träume achtet, auf die eigenen Gefühle, auf Ahnungen und das Gespür, ist sensibel. So kann eine innere Unruhe entstehen, die uns umtreibt. Ob das Gottes Wirken ist? Oder auch schlicht die Erkenntnis von Wahrheit?

Die Frau von Pontius Pilatus jedenfalls muss enorm unruhig gewesen sein. So sehr hat sie der Gedanke umgetrieben, ihr Mann könnte einen entsetzlichen Fehler begehen, dass sie ihm einen Zettel schickt, mitten hinein in den Prozess. Das ist eigentlich ein unmögliches Verhalten, typisch Frau! Das geht doch nicht, einen Prozess zu stören, weil seine Ehefrau ihm etwas mitteilen will. Also nein! Damals wie heute wird so ein Vorgehen als unangemessen angesehen. Ehefrauen haben sich herauszuhalten aus dem Geschäft.

Pilatus aber nimmt den Zettel oder auch die weitergesagte Botschaft entgegen. Das freut mich erst einmal. Er schüttelt seine Frau nicht ab nach dem Motto: Die hat keine Ahnung. Das geht jetzt nicht, ich habe Wichtigeres zu tun! Er weiß, wenn sie zu solchen Maßnahmen greift, ist die Sache wirklich von Bedeutung. Seine Frau scheint ihm eine so wichtige Beraterin, dass er die Botschaft zumindest entgegennimmt. Ob er nachdenklich wird, als er die Botschaft liest? Ob er zögert und sich fragt, wie er diesen Prozess, der unaufhaltbar abzurollen scheint, noch beeinflussen kann? Offenbar kann er die Reaktionskette, die in Gang gesetzt ist, nicht aufhalten. Aber vielleicht versucht er gerade aufgrund dieser Nachricht, öffentlich die Hände unschuldig zu waschen.

Hätte er doch auf seine Frau gehört ... Wie viele Frauen werden in den Hintergrund gedrängt. „Nur-Hausfrau" ist dann ein Schimpfwort.

Wie viele ungenannte, namenlose Frauen aber ermöglichen es so genannten „großen" Männern an der Macht erst, stark und verantwortlich zu handeln?

Sie sorgen für den Haushalt, die Kinder und sind oft auch noch die engste Beraterin in Krisenzeiten. Der Respekt ihnen gegenüber ist selten zu finden. Und doch haben gerade diese Frauen sich oft mehr das Gespür für die Wahrheit erhalten, haben genügend Realitätssinn, so, dass sie unersetzlich sind und manchen auf dem Boden halten, der Verantwortung und Macht hat. Das ist dann für alle wichtig und gut. Mancher Mann mag sich ihrer lieber entledigen durch eine jüngere Frau, eine, die weniger kritisch ist. Aber so mancher ist sich auch bewusst, was es bedeutet, eine solche Frau an der Seite zu haben. Ich nehme an, wenn ich die wenigen Worte lese: Pilatus war einer davon.

7

Als aber Pilatus das hörte, fragte er, ob der Mensch aus Galiläa wäre. Und als er vernahm, dass er ein Untertan des Herodes war, sandte er ihn zu Herodes, der in diesen Tagen auch in Jerusalem war. Als aber Herodes Jesus sah, freute er sich sehr; denn er hätte ihn längst gerne gesehen; denn er hatte von ihm gehört und hoffte, er würde ein Zeichen von ihm sehen. Und er fragte ihn viel. Er aber antwortete ihm nichts. Die Hohenpriester aber und Schriftgelehrten standen dabei und verklagten ihn hart. Aber Herodes mit seinen Soldaten verachtete und verspottete ihn, legte ihm ein weißes Gewand an und sandte ihn zurück zu Pilatus. An dem Tag wurden Herodes und Pilatus Freunde; denn vorher waren sie einander feind.

Lukas 23,6–12

Siebte Begegnung
Herodes
Von der Versuchung der Macht

An vielen Stellen spricht die Bibel von Diktatoren, wie die Welt sie immer wieder ertragen muss. Die Gewaltherrscher von damals stehen in einer Linie sozusagen mit Stalin, Hitler, Idi Amin, Pinochet, Saddam Hussein. Machtmenschen, die jeden Bezug zur Realität verlieren.

Sie meinen, sie selbst hätten Bedeutung, weil sie in der Lage sind, Angst und Schrecken zu verbreiten, Folter androhen, Mordkommandos dirigieren.

Als einen solchen Machtmenschen schildert die biblische Erzählung gleich zu Beginn, in der Weihnachtsgeschichte, König Herodes in Jerusalem. Es ist ihm unheimlich, was da von dem neugeborenen Kind erzählt wird. Er bekommt Angst um seine Macht. Und wie reagiert ein Diktator? Nicht durch Nachdenken, sondern durch Brutalität. Alle Neugeborenen werden getötet. Das Leid der einzelnen Menschen zählt nicht für ihn. Es geht um Machterhalt und sonst um nichts.

Das Reich des Herodes teilen sich seine Söhne – und streiten darum. Einer davon ist Herodes Antipas. Der Herrscher von Galiläa, der seiner tanzenden Nichte den Kopf des Täufers Johannes zum Geschenk machte. Wie Lukas erzählt, freut er sich auf die Begegnung mit Jesus.

Was ist das für eine Freude? Reibt er sich die Hände, dass dieser Unruhestifter jetzt endlich dingfest gemacht wurde? Es heißt, er „hoffte, er würde ein Zeichen von ihm sehen". Will Herodes Teil sein der Event-Kultur, Augenzeuge werden eines exklusiven Wunders vielleicht? Herodes fragt Jesus viel. Was für ein Ton wird das gewesen sein? Spöttisch oder ernsthaft? Noch immer denke ich, solche Diktatoren müssten doch auch ernsthafte Momente haben. Irgendwann müssen doch auch sie nachdenklich sein, etwas spüren von Verantwortung und Rechenschaftspflicht. Aber von solcher Art kann sein Fragen nicht gewesen sein, sonst hätte Jesus nicht geschwiegen.

Jesus schweigt und gerade dadurch zeigt sich seine Stärke. Er bettelt nicht um sein Leben, er versucht nicht zu argumentieren oder zu verhandeln, er schweigt. Rundherum klagen andere ihn an, er schweigt. Schweigen kann mächtig sein. Ich habe das erlebt bei den Müttern der Verschwundenen auf der Plaza de Mayo, wie sie schweigend ihre Kreise gingen vor dem Parlamentsgebäude in Buenos Aires. Wie haben sie die Diktatur dadurch herausgefordert! Sie haben sich nicht vertreiben lassen, ihre schweigende Anklage war lauter als jedes Geschrei. Gehört habe ich dieses Schweigen auch bei den Frauen in Schwarz, die aus Protest gegen Vergewaltigung donnerstags in Schwarz an Straßenkreuzungen stehen. In Serbien, in Indien und auch in Deutschland. Gegen die Brutalität der Macht kann Schweigen ein beredtes Zeugnis sein.

Für Herodes ist das Schweigen eine Provokation. Hier endet seine Macht, das spürt er deutlich.

So versucht er hilflos, mit Spott zu reagieren, mehr hat er ja nicht. Das Schweigen ist geradezu eine Entlarvung, wie begrenzt seine Macht ist. Aber wie schwer ist es, in solcher Diktatur, in der Angst vor Folter und Verletzung zu widerstehen! Das kann nur eine unendlich starke Persönlichkeit. Oder eine Person, die sich von

Gott gehalten weiß, die innere Freiheit kennt gegenüber dieser Macht, die Verantwortung ignoriert. Ein solcher Mensch weiß, dass jeder Einzelne eines Tages vor Gott rechenschaftspflichtig sein wird für sein Leben. Die meisten Menschen haben wohl kaum die Kraft zu solchem schweigenden Widerstand. Durch die ganze Welt hallen die Schreie der Opfer von Machtmissbrauch, allzu oft werden sie nicht gehört. Aber wenn sie gehört werden, entsteht für manche die Ermutigung zum aktiven, gewaltfreien Widerstand. Die wenigen, die so widerstehen, gegen das Unrecht antreten und die Mächtigen konfrontieren wie Jesus, sie sind leuchtende Vorbilder, die die Hoffnung aufrechterhalten: Gerechtigkeit wird siegen.

Herodes freundete sich von da an mit Pilatus an, heißt es in der Bibel. Eine abscheuliche Machtkumpanei von zwei Herrschern im Unrechtsregime – auch das kennen wir heute. Die Diktatoren aber, sie werden von der Geschichte gerichtet. Das Schweigen über ihren Terror wird gebrochen, die Opfer werden gehört werden. Leid und Geschrei werden ein Ende haben, wie es im Buch der Offenbarung heißt.

8

Und als sie ihn abführten, ergriffen sie
einen Mann, Simon von Kyrene, der vom
Feld kam, und legten das Kreuz auf ihn,
dass er's Jesus nachtrüge.

Lukas 23,26

Achte Begegnung
Simon von Kyrene
Das Kreuz tragen

Ach du liebe Zeit, da kommst du vom Feld,
müde von der Arbeit und dann das! Eine
Menschenmenge, schreiende Frauen, Soldaten und ein Gefangener. Und plötzlich kommen auch noch Soldaten auf dich zu, greifen
dich brutal und brüllen: Da, trag das Kreuz,
und legen es dir auf die Schulter. Mitten in
eine Tragödie, mitten in Tumult und Angst
ist Simon von Kyrene da hineingeraten. Was
soll er tun? Er schultert das Kreuz und zieht
es mehr schlecht als recht hinter Jesus her.
Das ist äußerst demütigend.

Er will hier nicht sein. Brutal wird er von den
Soldaten gezwungen.

Simon erlebt eine Situation, die er wohl
sein Leben lang nicht vergessen wird. Da
geht, stolpert und strauchelt Jesus vor
ihm, erniedrigt, mit einer Dornenkrone
auf dem Kopf, blutend, belacht, bespuckt.
Schreiende Menschen rechts und links
am Weg. Und dann die weinenden Frauen,
die laut klagen über das, was geschieht,
die unter Schock stehen. Ja, und Jesus
selbst, der sich umdreht und Worte sagt,
die beunruhigen.

Im Lukasevangelium ist diese Szene zu lesen. Dort heißt es: „Und als sie ihn abführten, ergriffen sie einen Mann, Simon von Kyrene, der vom Feld kam, und legten das Kreuz auf ihn, dass er's Jesus nachtrüge." So wurde Simon von Kyrene zu einem Symbol der Liebe, dafür, dass einer die Last für den anderen trägt. Freiwillig hat Simon das nicht getan. Ob ihn der Weg hinauf nach Golgatha verändert hat? Ob er gespürt hat: Das ist ein ganz besonderer Mensch, dieser Jesus, hier stirbt einer unschuldig? Ob er Mitleid hatte oder nur Zorn darüber, dass er plötzlich in diese Situation geraten war? Wir wissen es nicht.

Aber das Zeichen, dass ich für einen anderen das Kreuz trage, ist bis heute ein tiefes christliches Symbol in allen Kulturen der Erde. Schotte ich mich ab, denke ich nur an mich oder bin ich bereit, für einen anderen, für eine andere einzustehen? So wie Jesus selbst es ja tat für uns. Jesus ist derjenige, der das Kreuz für uns alle trägt. Dieses Zeichen wird die Welt bewegen. Simon von Kyrene, er ist der Erste, der als ganz durchschnittlicher Mensch das Kreuz auf sich nimmt, der Erste in der Nachfolge sozusagen.

Solche Menschen beeindrucken mich auch heute. Ich denke etwa an die ambulante Pflege. Sicher, das ist ein Beruf, manche würden sagen, da tragen welche ein Kreuz gegen Bezahlung, das lässt sich doch nicht vergleichen. Aber dann erfahre ich in den Gesprächen, wie viele Pflegerinnen sich weit über das Dienstliche hinaus engagieren. Da erzählt die eine: „Ich bringe manchmal Kuchen mit. Das Strahlen in den Augen der alten Frau belohnt mich dafür." Und eine andere berichtet: „Der alte Mann weint jedes Mal, wenn ich gehe, weil ja niemand sonst vorbeikommt. Und dann bleibe ich halt noch und höre mir seine Geschichte an." Dass diese Frauen und die wenigen Männer in diesem Beruf so wenig Anerkennung erhalten, ärgert mich. Sie tragen wirklich die Lasten anderer mit und stehen gleichzeitig unter großem Druck.

Vielleicht müssen wir in Deutschland neu lernen, dass Nächstenliebe, einen anderen ent-lasten, auch für uns selbst eine tiefgreifende, ja verändernde Erfahrung ist. Es lässt sich nicht alles in Zahlen, Daten und Fakten verrechnen. Im Leben sind es oft gerade die überraschenden Erfahrungen, auf die wir nicht eingestellt waren, die sich tief in unser Gedächtnis einprägen. Und es bereichert uns selbst, wenn wir anderen zur Seite stehen. Wie viel gäbe es zu tun, wie viele Einsame zu besuchen, wie viele Mütter zu entlasten, wie viele Kinder zu begleiten in diesem Land. Die so genannte „gute Tat" tut nicht nur dem Empfänger oder der Empfängerin gut! Wer etwas gegeben hat, wer hilft, spürt doch auch innerlich Freude, Glück. Ein solcher Mensch kann den eigenen Weg gesegnet weitergehen. Wie Simon von Kyrene.

9

Es folgte ihm aber eine große Volksmenge und Frauen, die klagten und beweinten ihn. Jesus aber wandte sich um zu ihnen und sprach: Ihr Töchter von Jerusalem, weint nicht über mich, sondern weint über euch selbst und über eure Kinder. Denn siehe, es wird die Zeit kommen, in der man sagen wird: Selig sind die Unfruchtbaren und die Leiber, die nicht geboren haben, und die Brüste, die nicht genährt haben! Dann werden sie anfangen, zu sagen zu den Bergen: Fallt über uns! und zu den Hügeln: Bedeckt uns! Denn wenn man das tut am grünen Holz, was wird am dürren werden?

Lukas 23,27–31

Neunte Begegnung
Die weinenden Frauen
Kraft des Mitleidens

Als Jesus auf dem Weg nach Golgatha ist,
bleibt er nicht allein. Im Lukasevangelium
wird erzählt, dass Frauen ihm folgten,
die klagten und ihn beweinten. Weinende
Frauen haben einen ganzen Tränenstrom
durch die Geschichte hinterlassen. Männer
werden erzogen, hart zu sein, die Emotio-
nen zu verbergen. Frauen dürfen weinen,
und sie dürfen klagen.
Aber was sollen sie auch tun angesichts
dieser Gewalt und dieses Unrechts? Wie
können sie eingreifen, sich wehren? Jesus dreht sich zu ihnen um und sagt: „Ihr
Töchter von Jerusalem, weint nicht über
mich, sondern weint über euch selbst und
über eure Kinder." Merkwürdig bedrohli-
che Worte sind das in seiner Situation. Ist
er ungeduldig, erträgt er diese Klage über
sich selbst nicht, weil er weiß, es geht um
viel mehr? Jesus kündigt eine Zeit an,
in der Frauen, die nicht geboren haben,
froh sein werden darüber. Warum? Weil
ihre Kinder leiden würden? Weil nichts
so grauenvoll für eine Mutter ist, wie das
eigene Kind leiden zu sehen? Die Worte

60

Jesu werden in der Regel auf die Endzeit hin interpretiert, wenn Gottes Gericht kommen wird. Aber für allzu viele Mütter ist das ja längst Gegenwart. Mütter, die ihre Kinder hungern sehen in Äthiopien. Mütter, die aus Verzweiflung ihre Töchter in die Prostitution geben in Indien.

Vielleicht weinen die Frauen in Jerusalem ja längst über sich selbst. Sie weinen um Jesus, weil er ein Mann war, der sich auf ganz neue und für sie überraschende Weise Frauen zugewandt hat.

Offensichtlich hat er sie wertgeachtet, er hat mit ihnen gesprochen, sie nicht ignoriert. Da haben sich ganz neue Wege eröffnet, Chancen, endlich, endlich als vollwertiger Mensch anerkannt zu werden. Nun wird genau dieser Mann von dem System aus Unrecht ermordet, der für sie zur Hoffnung wurde. Und so weinen sie um ihn, ja, aber eben auch um sich selbst. Um all die Möglichkeiten, die Frauen haben könnten, wenn sie ihnen denn gegeben würden.

Und ja, Jesus hat Recht, wenn er sagt, manche Frau würde sich wünschen, nicht geboren und nicht gestillt zu haben. Denn wer ein Kind zur Welt bringt und stillt, erlebt in der Regel Liebe in ihrer elementarsten Art. Solche Liebe macht verletzbar. Ob deshalb so viele Frauen heute freiwillig darauf verzichten, Kinder zu bekommen? Das aber kann ja wohl nicht im Sinne Jesu sein. Kinder sind doch ein Geschenk Gottes, ein Zeichen der Liebe. Warum dieses Drohwort? Oder will Jesus darauf hinweisen, dass dies nicht das Ende ist, sondern nur ein Schritt auf einem Weg?

Was Hoffnung gibt an diesem Text, ist, dass es die Frauen sein werden, die nach diesen Tagen von Tod und Sterben als Erste begreifen: Dies ist eben nicht das Ende! Sie spüren, dass Unrecht und Tod nicht gesiegt haben, sie vertrauen Gott, dass Auferstehung möglich ist. Vielleicht kann nur, wer wirklich weint, zutiefst trauert, auch offen sein für ein solches Geheimnis, für so ein Wunder, das eben nicht mit Händen zu greifen ist. Leid ist wie Glück ein bewegendes Gefühl, das mich ganz und gar in Beschlag nimmt. Manchmal kann heftiges Weinen einen Durchbruch bringen, zur Klarheit beitragen.

Frauen werden in den ersten Gemeinden der Urchristenheit eine zentrale Rolle spielen. Oft bleiben sie namenlos wie die weinenden Frauen von Jerusalem.

Aber viele Namen sind auch erhalten: Lydia und Junia, Phöbe und Priska, Tryphäna und Persis beispielsweise. Paulus grüßt sie ausdrücklich in seinen Briefen. Aus der Klage ist Freude geworden, aus den Tränen Mut, aus der Trauer wurde Hoffnung. Aber all das geht nicht schnell. Es braucht Zeit. Lachen hat seine Zeit, Weinen hat seine Zeit. Beides aber ist Erleben. Auch Weinen kann Mut zum Leben zeigen, weil Tränen Nähe zum Leben zulassen.

10

Es wurden aber auch andere hingeführt, zwei Übeltäter, dass sie mit ihm hingerichtet würden. Und als sie kamen an die Stätte, die da heißt Schädelstätte, kreuzigten sie ihn dort und die Übeltäter mit ihm, einen zur Rechten und einen zur Linken ... Es war aber über ihm auch eine Aufschrift: Dies ist der Juden König. Aber einer der Übeltäter, die am Kreuz hingen, lästerte ihn und sprach: Bist du nicht der Christus? Hilf dir selbst und uns! Da wies ihn der andere zurecht und sprach: Und du fürchtest dich auch nicht vor Gott, der du doch in gleicher Verdammnis bist? Wir sind es zwar mit Recht, denn wir empfangen, was unsre Taten verdienen; dieser aber hat nichts Unrechtes getan. Und er sprach: Jesus, gedenke an mich, wenn du in dein Reich kommst! Und Jesus sprach zu ihm: Wahrlich, ich sage dir: Heute wirst du mit mir im Paradies sein.

Lukas 23,32−33.38−43

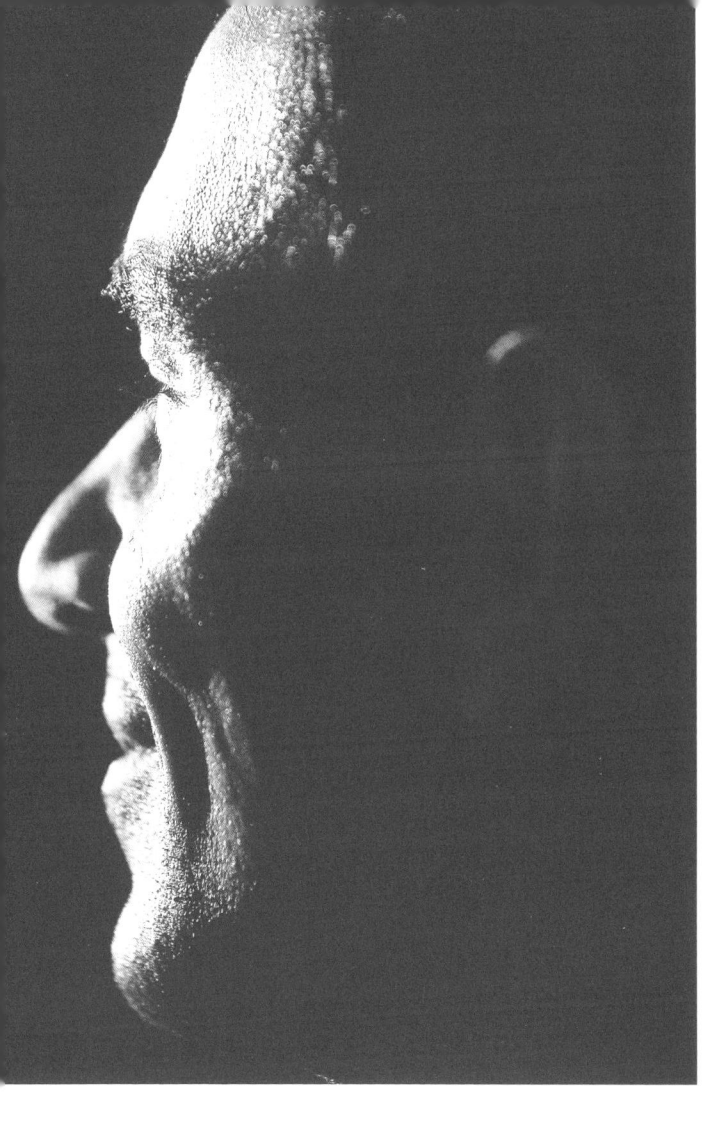

Zehnte Begegnung
Der andere Verbrecher
Sehnsucht nach gelingendem Leben

So kann das sein, wenn du auf die schiefe Bahn gerätst: Eins kommt zum anderen. Da findet ein Jugendlicher die falschen Freunde. Es kommt zu einem kleinen Diebstahl und bald auch zu einem großen. Erwischt und verurteilt. Im Gefängnis einen kennengelernt, der angeblich alles im Griff hat und einen großen Coup verabredet. Irgendwas ist schiefgegangen. Und am Ende ein Mord. Heute gibt es dafür die Höchststrafe Gefängnis. In Palästina zur Zeit Jesu stand darauf der Tod.
Und jetzt hängen sie da am Kreuz. Drei Männer nebeneinander, die sterben, zwei Verbrecher neben Jesus. Was die beiden ohne Namen getan haben, wissen wir nicht. Aber offenbar ist ihnen bewusst, was sie taten.
Einer der Verurteilten verhöhnt Jesus, er lacht mit den Soldaten, die ihn verspotten. Er lästert: „Hilf dir selbst und uns!" Der andere, so erzählt das Lukasevangelium, weist ihn zurecht: „Und du fürchtest dich auch nicht vor Gott, der du doch in gleicher Verdammnis bist? Wir sind es zwar

mit Recht, denn wir empfangen, was unsere Taten verdienen; dieser aber hat nichts Unrechtes getan. Und er sprach: Jesus, gedenke an mich, wenn du in dein Reich kommst!"

So unterschiedlich kann das noch im Sterben sein. Der eine versucht, alles ins Lächerliche zu ziehen. Den Tod zu überspielen. Vielleicht ist es auch nur ein verzweifelter Versuch, noch im Sterben Beifall zu bekommen, von den Soldaten, die Jesus lächerlich machen.

Der andere hat den Ernst der Lage begriffen. Er sieht sein eigenes Leben an sich vorbeiziehen. Ihm wird bewusst, wie er es vergeudet, wie viele falsche Abzweigungen er genommen hat.

Und er weiß: Ich muss mich verantworten vor Gott. Er respektiert Jesus und seinen Glauben.

Vor ein paar Jahren traf ich in einer Talkshow einen Mann, der vor vielen Jahren seine Freundin getötet hatte. Einen Mörder also! Als ich ihn kennenlernte, wurde ich sehr nachdenklich. Er ist heute Anfang fünfzig, verheiratet und hat vier Kinder.

Vor 30 Jahren hat er seine Freundin in einem Eifersuchtsdrama erschossen. 15 Jahre hat er dafür im Gefängnis gesessen. Am Anfang, sagte er, konnte ich nicht in den Spiegel schauen. Es war der Gefängnispastor, der ihm sagte, jeder Mensch sei Gottes Ebenbild. In den Gesprächen mit ihm habe er gelernt, sich selbst wieder anzunehmen. Er hat Kontakt mit den Eltern seiner Freundin aufgenommen, die ihm schließlich vergeben konnten. Er hat seinen Schulabschluss gemacht und eine Ausbildung und eine Familie gegründet. Offen spricht er über seine Schuld und über den Glauben an Gottes Liebe, der ihn hält und trägt. Mich hat das sehr beeindruckt.

Geben wir Verbrechern eine neue Chance? Oder denken wir nur in Kategorien von Vergeltung und Strafe?

Jesus sieht auch noch im Sterben diesen „Übeltäter", wie die Bibel ihn nennt, mit den Augen der Liebe an. Er sagt: „Wahrlich, ich sage dir: Heute wirst du mit mir im Paradies sein." Damit gibt er ihm eine neue Chance. Er zeigt, dass die Liebe Gottes größer ist als unser Versagen. Wenn wir unsere Schuld eingestehen, wenn wir bereit sind zur Buße, will Gott für uns da sein. Gott will erfülltes Leben. Die Gebote Gottes geben uns eine Orientierung dafür, dass das gelingen kann. Und wo wir sie übertreten, wo wir versagen und scheitern, können wir doch nicht tiefer fallen als in die Arme Gottes.

Martin Luther hat einmal gesagt, diejenigen seien Heilige, die sich ganz und gar Gott anvertrauen. Wenn wir uns also anvertrauen, werden wir Heilige werden, Menschen, die darum wissen, dass sie nicht alles unter Kontrolle haben, sondern ganz und gar angewiesen sind auf Gott. Wie es im Sterben jener Verbrecher am Kreuz wagt.

11

Da nahmen die Soldaten des Statthalters Jesus mit sich in das Prätorium und sammelten die ganze Abteilung um ihn. Und zogen ihn aus und legten ihm einen Purpurmantel an und flochten eine Dornenkrone und setzten sie ihm aufs Haupt und gaben ihm ein Rohr in seine rechte Hand und beugten die Knie vor ihm und verspotteten ihn und sprachen: Gegrüßet seist du, der Juden König! und spien ihn an und nahmen das Rohr und schlugen damit sein Haupt.

Matthäus 27,27–30

Elfte Begegnung
Die Spötter
Verspieltes Leben

Den Schergen des Unrechts wird freier
Lauf gegeben. Jesus ist verurteilt, keine
Gnade. Wer soll ihn jetzt noch schützen?
Er ist freigegeben zum Töten. Und nun
kennen sie keinen Respekt mehr und keine Würde. Eine Dornenkrone drücken sie
ihm aufs Haupt, ein Stock soll sein Zepter
sein und dann lachen sie und grüßen ihn:
„Gegrüßet seist du, der Juden König!" Sie
spucken ihm ins Gesicht und sie schlagen
ihn. Was für eine Demütigung.
Was sind das für Menschen, die so etwas
tun? Die andere verspotten, erniedrigen
und quälen. Es macht mich oft fassungs-
los, wenn ich von Folter höre oder auch
nur von bewusster Demütigung anderer.
„Die Würde des Menschen ist unantast-
bar", heißt es in unserer Verfassung. Aber
sie wird angetastet, überall auf der Welt,
wieder und wieder. Wie kann es sein, dass
Menschen aufwachsen, denen die Würde
der anderen gleichgültig ist? Was haben
sie erlebt in ihrer Kindheit? Therapeuten
würden wahrscheinlich sagen, ihre eigene
Würde sei nicht respektiert worden, tiefe

Traumata haben sich in ihre Seele einge-
nistet. Aber wie kann es sein, dass andere
nicht so abgestumpft sind? An Desmond
Tutu, den anglikanischen Erzbischof aus
Südafrika, muss ich denken. Er hat als
Kind tiefste Demütigungen durch die
Apartheid erfahren. Aber er ist einer der
fröhlichsten Menschen, die ich kenne, hat
sich immer und immer wieder für die Würde anderer eingesetzt. Ist das die Folge
der Erziehung seiner Eltern? Ist es eigene
innere Stärke? Oder ist es die Konsequenz
seines christlichen Glaubens, dass jeder
Mensch Gottes Ebenbild ist, in jedem Menschen eine Spur Gottes erkennbar ist?

Nein, ich kann solche Spötter und Folterer nicht
verstehen. Ich will sie auch nicht verstehen.

Viel zu oft versuchen wir, die Täter zu
begreifen, und vergessen dabei auf brutale Weise die Opfer. Was bedeutet es für
einen Menschen, so gedemütigt zu werden
wie Jesus? Wie viel Kraft braucht es, in
so einer Situation noch gerade zu stehen?
Und doch ist es gerade dieses Bild des ge-
demütigten Gottessohnes, das Menschen

durch die Jahrhunderte hindurch in der ganzen Welt bewegt und getröstet hat. Wir können in Lebenssituationen, in denen wir dem Spott und der Gewalt ausgesetzt sind, mit Jesus Christus selbst reden. Wir müssen angesichts von Unrecht nicht an Gott verzweifeln, weil eben Gott selbst Unrecht kennt. Immer wieder dreht sich der Glaube um die Frage: Wie kann Gott das zulassen? Und immer wieder finde ich Trost in der Antwort: Gott lässt nicht zu, aber Gott versteht. Die Täter handeln nicht als Gottes Marionetten, Leiden ist keine Strafe Gottes. Gott kann nicht eingreifen, mal hier mal da.

Aber Gott ist an der Seite der Opfer. Gott hat sich selbst in die Opferrolle begeben.

Das kollidiert natürlich mit der Bezeichnung: der Allmächtige. Hier ist wohl das größte Geheimnis des christlichen Glaubens: Gott ist allmächtig, ja. Aber Gott erfährt auch Ohnmacht. Die Spannung dazwischen können wir nicht ganz und gar ergründen. Da bleibt Gott auch verborgen, ein „deus absconditus", wie Luther sagt.

„Als sie ihn aber gekreuzigt hatten, verteilten sie seine Kleider und warfen das Los darum." Die Spötter konnten nicht ahnen, dass sowohl ihr Spott als auch ihr zynisches Würfeln um die letzte Habe eines sterbenden Mannes im Gedächtnis der Welt haften bleiben würden. Zum Symbol für menschenverachtendes Verhalten sind sie dadurch geworden. Zum Prototyp von Menschen, die ihre eigene Menschlichkeit verspielen. Ganz offensichtlich haben sie das Leben in seiner Tiefe verpasst. Weil sie keine Liebe kennen, keine Zuneigung, keinen Einsatz für andere, keine Verantwortung vor Gott. Es ist ein verspieltes Leben, wahrhaftig. Sie sind grausam, ja. Aber letzten Endes zerstören sie nicht nur das Leben anderer, sondern auch ihr eigenes. Vor dem Anblick von Gottes Ewigkeit sind sie erbärmliche Gestalten, damals wie heute.

12

Als aber der Hauptmann und die mit ihm
Jesus bewachten das Erdbeben sahen und
was da geschah, erschraken sie sehr und
sprachen: Wahrlich, dieser ist Gottes
Sohn gewesen!
Matthäus 27,54

Zwölfte Begegnung
Der römische Hauptmann
Geschenkter Glaube

Ein namenloser Mann dieses Mal. Ein römischer Hauptmann, der den Auftrag hat: Gekreuzigten bewachen! Wahrscheinlich eine Routineangelegenheit, Kreuzigungen gab es oft damals. Vollstreckung der Todesstrafe an Aufrührern auf römische Art sozusagen. Nicht ein elektrischer Stuhl, keine Giftspritze, kein Genickschuss. Römisch, aber offenbar brutal, langsam. Ob er noch hinsehen konnte? Ob es ihn bewegt hat oder „business as usual" war? Es wird bei Matthäus und Lukas berichtet, dass der Vorhang im Tempel zerriss, die Erde erbebte, Gräber sich öffneten, Tote sich zeigten. Ob das so war? Oder ob das so gespürt wurde? Ein Beben, weil plötzlich klar wird: Hier stirbt ein Unschuldiger. Bei Matthäus sagen viele: „Wahrlich, dieser ist Gottes Sohn gewesen!" Bei Lukas ist es der Hauptmann allein, der erkennt: „Fürwahr, dieser ist ein frommer Mensch gewesen."
Wir können keinen Dokumentarfilm der Szene vorweisen. Aber so, wie sie berichtet wird in den Evangelien, muss diesem

Mann eine Veränderung anzumerken gewesen sein.

Das war nicht mehr der Vollstrecker, der gehorsame Soldat, der nicht hinterfragt.

War es der Ruf Jesu: „Vater ich befehle meinen Geist in deine Hände!", der die Veränderung in Gang setzte? Hat ihn solches Gottvertrauen in der tiefsten Gottverlassenheit angerührt? Oder war er auf einmal offen für das, was geschah, hat er die Bürokratie beiseite und sein Herz frei gelassen für das, was es bewegte? Hier stirbt ein Unschuldiger! Hier hängt ein Mann, der kein Verbrecher ist, sondern von dem die Wahrheit gesagt wurde, der etwas erkennbar machte von der größeren Wirklichkeit Gottes.

Martin Luther hat immer wieder betont, dass Glaube ein Geschenk ist. Ich denke, es gibt solche Momente, in denen ein Mensch plötzlich begreift: Ja, Gott ist da! Manche erfahren das als Bekehrungserlebnis. Für andere ist es eine Stufe in einem Prozess der Annäherung an Gott. Die einen erleben es fast mystisch als Erkenntnis, andere suchen lange und finden Schritt für Schritt. Voraussetzung hierfür ist aber Offenheit für den Glauben, Sehnsucht nach Gott. Der Materialismus, der meint, alles sei machbar, alles geregelt oder im Ernstfall zu kaufen, rechnet nicht mit Gott. Es sind eher die sensiblen Menschen, die sich anrühren lassen. Oder diejenigen, die tief im Inneren wissen: Es gibt mehr als das, was ich sehe und verstehe. Ich erlebe viele Menschen auf der Suche nach Glauben. Aber sie kommen auch oft zuallererst mit ihren Fragen, ihren Zweifeln. Sich Zeit für Gott nehmen, anhalten, offen sein, sich einüben in Stille oder Gebet, das fällt ihnen schwer. Glaube braucht auch Zeit. Wir nehmen uns Zeit für Fitness und für Urlaub, Zeit für die Familie und Zeit für den Beruf, für die Fortbildung.

Dass aber auch unser Gespräch mit Gott Zeit braucht, das sehen viele nicht ein. Doch wie ich die Beziehung zu einem anderen Menschen hegen und pflegen muss, so ist es auch mit der Beziehung zu Gott.

Die gibt es nicht mal eben schnell und preiswert nebenbei. Sie braucht meine Energie, meine Konzentration, sie braucht Liebe und Engagement. Hingabe – das ist ein altmodischer Begriff, aber er trifft auch heute gut, was gemeint ist.

Was aus dem Hauptmann geworden sein mag? Hat er sein Leben geändert, vielleicht sogar sein Soldat-Sein beendet? Hat er die Geschichte von Jesus weiter verfolgt, ist er Mitglied in einer der ersten Gemeinden geworden? Wir wissen es nicht. Aber in den wenigen Worten, die von ihm berichten, wird klar: Der Tod dieses Jesus von Nazareth hat ihn angerührt. Er hat ihn Gott näher gebracht. Ihm wurde Glaube geschenkt.

13

Und siehe, da war ein Mann mit Namen Josef, ein Ratsherr, der war ein guter, frommer Mann und hatte ihren Rat und ihr Handeln nicht gebilligt. Er war aus Arimathäa, einer Stadt der Juden, und wartete auf das Reich Gottes. Der ging zu Pilatus und bat um den Leib Jesu und nahm ihn ab, wickelte ihn in ein Leinentuch und legte ihn in ein Felsengrab, in dem noch nie jemand gelegen hatte.

Lukas 23,50–53

Dreizehnte Begegnung
Josef von Arimathäa
Erbarmen und Würde

Er war ein entschlossener Mann, einer, der fromm ist, und einer, der Wertebewusstsein hat. Ein Unternehmer vielleicht, einer jedenfalls, der sich auskennt in der Welt. Das ganze Treiben um Jesus hat er genau beobachtet. Und er hat nicht gut geheißen, was er sah. Wirklich eingreifen in das Geschehen konnte er nicht, er war ja weder Religionsvertreter noch Politiker. Aber als Jesus gestorben war, da betrachtete er es als eine Frage des Anstands, ja der Würde, ihn angemessen zu bestatten. Mir imponiert dieser Josef aus Arimathäa, der nach den Zeugnissen des Neuen Testaments für Jesu Begräbnis sorgte. Er erinnert mich an so manche Laien in unserer Kirche, die sich nicht in den Vordergrund stellen, aber mit Überzeugung und Würde ihren Mann oder ihre Frau stehen mitten in der Welt. Und die ein Gespür dafür haben, was angemessen ist und was nicht. Solche Laien haben unsere Kirche immer geprägt. Für mich ist der Begriff „Laie" deshalb eine Ehrenbezeichnung und keine Abwertung.

Josef aus Arimathäa weiß offensichtlich, wie man sich in der Welt der Großen und Mächtigen bewegt und geht hin zu Pontius Pilatus, dem römischen Statthalter. Dass er vorgelassen wird, lässt darauf schließen, dass er entweder eine wichtige Position hatte oder schlicht gute Beziehungen. Es wurde ja nicht jeder einfach so vorgelassen. In der Bibel können wir nachlesen: „Der ging zu Pilatus und bat um den Leib Jesu und nahm ihn ab, wickelte ihn in ein Leinentuch und legte ihn in ein Felsengrab, in dem noch nie jemand gelegen hatte."

Vielleicht hatte er tiefes Mitleid, fühlte Erbarmen mit dem Menschen, der so elend sterben musste. Vielleicht konnte er auch schlicht nicht mit ansehen, wie der Körper dort über den Sabbat lag in der Hitze. In jedem Fall setzt er sich energisch für eine Bestattung in Würde ein. Und das ist bis heute wichtig. Schon die ersten Christinnen und Christen haben sich engagiert, damit alle, auch die Armen, eine solche Bestattung erhalten.

Heute ringen wir darum, dass Menschen ihre Asche nicht anonym verstreuen lassen ohne Ritual, ohne einen Grabstein. Viele sind einsam, meinen, niemand könne sich um ihr Grab kümmern oder sie wollen die Angehörigen nicht belasten. Aber eine Bestattung in Würde heißt auch heute, dass eine Gemeinde sich versammelt, und sei sie noch so klein. Es geht auch darum, dass bestattet wird an einem öffentlich zugänglichen Ort der Trauer.

Wie wir mit den Toten umgehen, zeigt etwas von unserem Verständnis des Lebens. Friedhöfe zeigen etwas von dieser Liebe.

Gott kennt die Menschen beim Namen, das sagt die Bibel, und deshalb sollten wir diesen Namen erinnern. Das muss nicht kostspielig sein und auch nicht aufwändig. Eingelassene Namenstafeln etwa gibt es und auch Urnenfelder, neben denen eine Stele steht, auf der die Namen eingraviert sind. Die Weise, wie wir unsere Toten bestatten, sagt etwas über unseren Glauben aus.

Josef von Arimathäa war ein „guter, frommer Mann", heißt es in der Bibel. Er wollte
nicht, dass ein Leichnam würdelos am
Kreuz hängt, den Blicken preisgegeben
und auch der Verwesung, den Krähen, der
Sonne. Das ist eine zutiefst menschliche
Haltung, eine Glaubenshaltung. So ist es
gut, dass wir uns dieses Mannes bis heute
erinnern. Auch wenn die Geschichte über
die Bestattung weit hinausging, bis hin
zum leeren Grab, zur frohen Botschaft
von der Auferstehung von den Toten.

14

Und es waren viele Frauen da, die von
ferne zusahen; die waren Jesus aus Galiläa nachgefolgt und hatten ihm gedient;
unter ihnen war Maria von Magdala ...
Matthäus 27,55–56

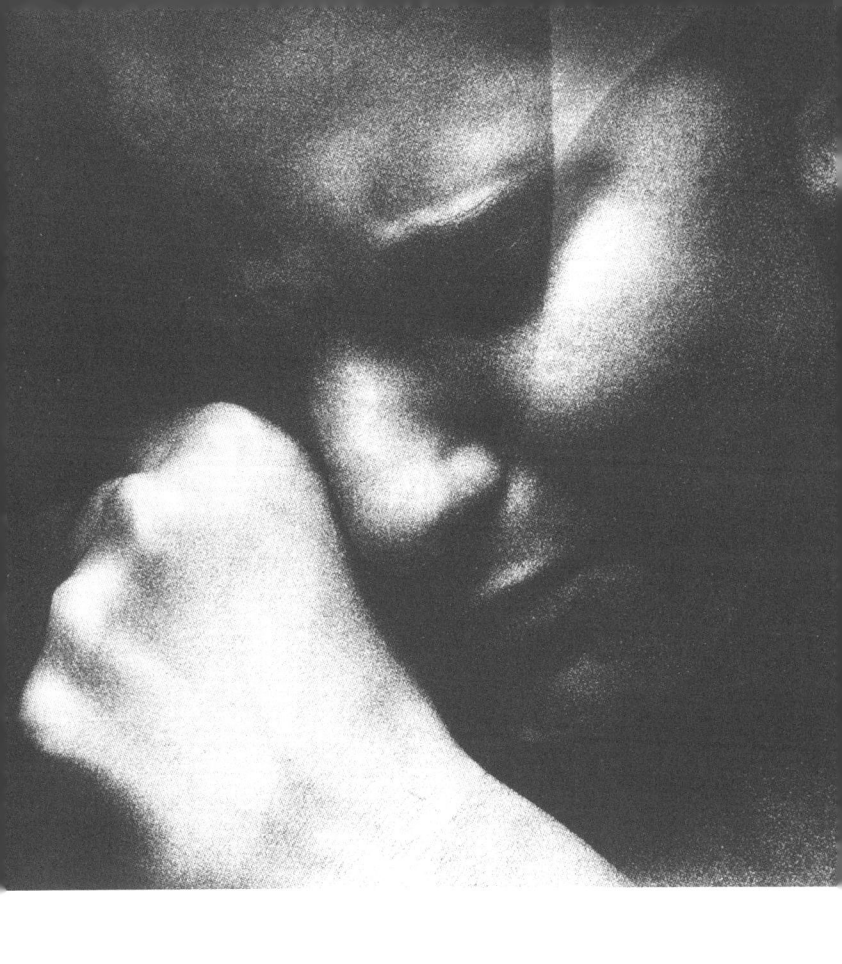

Vierzehnte Begegnung
Maria von Magdala
Schweigen im Leiden

Karsamstag. Über diesen Tag wird in
der Bibel nichts erzählt. Es ist jener Tag
danach. Ein unbeschreiblicher Tag, eine
Zeit, die den Atem anhält, eine Zeit der
Stille. Wer ein Unglück miterlebt, wem ein
geliebter Mensch stirbt, der kennt den
Karsamstag. Da ist die Fassungslosig-
keit, die eher das Schweigen sucht als die
billigen Beschwichtigungen von wegen:
„das Leben geht weiter" oder „wird schon
werden". Nein, an so einem Karsamstag
gibt es keine keimenden Hoffnungen, keine Wege, die sich auftun, keine einfachen,
schnellen Antworten.
Unter Schock werden sie gestanden haben, Maria von Magdala wie alle anderen,
die Jesus gefolgt sind. Sie hat den Mann
verloren, den sie geliebt hat. Ihr ganzes
Leben wollte sie für ihn ändern. Ob es
eine „echte" Liebesbeziehung zwischen
den beiden gab? Viel wurde darüber spe-
kuliert, etwa in der ganzen Aufregung um
das Buch „Sakrileg" von Dan Brown und
den Film dazu. Doch das alles ist Fiktion,
wir wissen es schlicht nicht. Und ich finde,

das ist auch nicht wirklich wichtig für unseren Glauben.

Für Maria wie für die anderen, die Jesus begleitet haben, war der Anblick seines Sterbens ein Schock. Große Hoffnungen hatten sie, glücklich waren sie, voller Zukunftsträume. Und dann das Ende. Grauen, Folter, das Sterben Jesu. Maria war konsequent, sie war tapfer. Sie ist bis zuletzt dabei geblieben, sie hat Jesus sterben sehen. Bei Matthäus lesen wir: „Und es waren viele Frauen da, die von ferne zusahen; die waren Jesus aus Galiläa nachgefolgt und hatten ihm gedient; unter ihnen war Maria von Magdala …"

Ja, sie war da. Sie hat das Grauen gesehen. Wie soll sie das verkraften?

Brauchen wir so brutale Bilder wie etwa in dem Film „Die Passion" von Mel Gibson, um uns das vorzustellen? Ich denke, nein. Es geht nicht um die Details des Grauens im Sterben Jesu. Sterben ist schlimm. Menschen ringen oft mit dem Tod. Und immer wieder werden Menschen zu Tode gefoltert. Bei Jesus sind doch die Details nicht glaubensrelevant! Nein, es geht darum, dass er stirbt. Er, den sie für den Messias gehalten haben, er, den wir als Gottes Sohn sehen, er stirbt. Das ist eine Realität, mit der unser Glaube immer wieder ringt: Gott leidet. Gott leidet und stirbt. Danach folgt das Schweigen, die Leere am Karsamstag.

Neulich fragte mich jemand, warum man Ostersamstag eigentlich nicht Tanzen gehen darf. Da merke ich, wie tief die Tradition ganz fest in mir verankert ist. Meine Großmutter, meine Mutter, für sie war ganz klar:

Das ist der Samstag des Schweigens, des Schocks, der Angst. Nach Tanzen wäre mir auch heute noch nicht zumute.

Jesus ist tot. Das ist eine Ungeheuerlichkeit. Kann denn Gott selbst sterben? Kann denn Gott so leiden? Warum? Das ist der Schrei durch die Jahrtausende: Wie kann Gott das zulassen? Er hallt am Karsamstag durch die Welt. Und die Welt will diesen Schrei nicht hören, sie beschäftigt sich mit sich selbst, erträgt die Stille kaum.

Morgen vielleicht? Ja, am Ostermorgen wird Maria von Magdala sich aufmachen. Wie viele Frauen nach dem Schock eines Krieges, einer Vergewaltigung, nach dem Schock, den sie ertragen müssen: Am nächsten Tag machen sie sich auf und tun die Dinge, die getan werden müssen. Einkaufen, Feuer machen, die Kinder anziehen, den Toten salben. Ja, morgen wird sie aufbrechen. Und sie wird ein leeres Grab finden. Und einen Engel, der sagt: „Fürchte dich nicht." Aber nicht am Karsamstag. Das ist der Tag des Schweigens, der Fragen, der Ratlosigkeit. Und diesen Tag müssen wir auch heute zulassen. Die Hoffnung ist gesät, aber die Saat muss erst noch aufgehen.

Mit Margot Käßmann die Welt der Gedichte entdecken

176 Seiten | Halbleinen
mit Leseband
ISBN 978-3-451-35007-8

Margot Käßmanns persönliche Gedichtsammlung. Anregende Texte von Frauen – für alle, die die Erfahrung machen: Das Leben fügt sich nicht immer im Wohlklang zusammen. Lyrik der Gegenwart über Glück und Sehnsucht, Leben und Lieben, Alleinsein, Mütterlichkeit, Mutigsein ... Mit einfühlsamen Hinführungen der Herausgeberin.

In jeder Buchhandlung!

HERDER

Neuausgabe 2019

© Verlag Herder GmbH, Freiburg im Breisgau 2007
Alle Rechte vorbehalten
www.herder.de

Biblische Texte sind wiedergegeben nach der Lutherbibel,
revidierter Text 1984,
durchgesehene Ausgabe in neuer Rechtschreibung
© 1999 Deutsche Bibelanstalt Stuttgart

Umschlagmotiv: © fzant / iStock
Fotografien im Innenteil: © Mauritius Images

Satz: Weiß-Freiburg GmbH – Graphik & Buchgestaltung
Herstellung: Polygraf Print, Prešov

Gedruckt auf umweltfreundlichem, chlorfrei gebleichtem Papier

Printed in Slovakia

ISBN Print 978-3-451-07222-2
ISBN E-Book 978-3-451-81281-1